El camino a la escuela

Rosemary McCarney con Plan Internacional

Editorial EJ Juventud

Seguramente te gusta ir a la escuela.

Aunque a veces tengas un mal día, si no pudieras ir nunca a la escuela, ¿no la echarías de menos?

¿Sabes que hay muchísimos niños en todo el mundo a quienes les encantaría ir a la escuela pero no pueden?

Algunos son muy pobres y tienen que trabajar para ayudar a sus familias.

Filipinas

Japón

A veces, los desastres naturales, como terremotos, tsunamis

o tifones, destruyen las escuelas.

Pero sea como sea, los niños intentan llegar a la escuela.

Algunos van caminando o en bicicleta o toman el autobús, como tú.

Pero para muchos niños, el camino a la escuela no es tan fácil.

Puede ser largo y difícil, o incluso espantoso.

Estados Unidos

Filipinas

¿Qué pasaría si hubiera un río en tu camino?
¿Lo cruzarías con decisión caminando…,

Camboya

remando...,

Indonesia

flotando…,

Nepal

Nepal

Colombia

o volando?

A veces el único camino para ir a la escuela rodea una montaña…,

China

cruza un
largo túnel…,

¡o sube un elevado precipicio!

China

China

China

China

En muchos lugares, los animales llevan a los niños a la escuela.
Un burro resulta perfecto si el camino es empinado y rocoso.

Un buey puede acarrear un grupo de amigos.

Un búfalo de agua se lo tomará con calma.

¡Un grupo de perros resulta muy útil si tienes prisa y no hay carretera!

Si no hay agua potable en la escuela, algunos niños deben llevar la suya.
¡Una palangana de agua pesa mucho más que los libros!

Ghana

¿Te gustaría tener que llevar tu propio pupitre a la escuela?
Si no hubiera nada donde sentarse, tendrías que hacerlo.

Cuando llegan las lluvias y todo se inunda, hay que improvisar puentes. Este es bajo y bastante seguro.

Este puente era alto, pero ahora se ha derrumbado y es muy peligroso.
Estos niños lo usan para ir y volver de la escuela cada día.

Filipinas

A veces un solo cable se convierte en un puente...

Y otras veces bastan unas pocas cañas de bambú.

Tanto si tu camino a la escuela es largo y solitario,

Tanzania

Haití

corto y agradable,

Filipinas

ancho y mojado,

Laos

estrecho y seco,

India

o accidentado, helado, resbaladizo y a gran altura...,

Haití

lo importante es que llegues.
¡El viaje siempre valdrá la pena!

Título original: THE WAY TO SCHOOL
Copyright © Plan International Canada Inc., 2015
Publicado con el acuerdo de Second Story Press, Toronto, Ontario, Canadá.
Todos los derechos reservados.

© de la traducción española:
EDITORIAL JUVENTUD, S. A., 2016
Provença, 101 - 08029 Barcelona

info@editorialjuventud.es
www.editorialjuventud.es

Traducción: Susana Tornero

Primera edición, 2016
ISBN: 978-84-261-4388-4
DL B 15482-2016
Núm. de edición de E. J.: 13.347

Impreso por Grinver, Av. de la Generalitat, 39
Sant Joan Despí (Barcelona)
Printed in Spain

Agradecimientos

Muchas gracias a los fotógrafos de Plan que han proporcionado estas hermosas imágenes del trabajo que hacemos y al resto de fotoperiodistas cuyas imágenes cuentan la historia de algunos niños que quieren ir a la escuela cueste lo que cueste. Un agradecimiento especial a Jen Albaugh por ayudarme a localizar fotos que contaran bien la historia y procurar seleccionar las que mejor captaran la determinación y energía de los escolares de todo el mundo. Se necesitan muchas manos para crear un libro tan fascinante como *El camino a la escuela*: un escritor, unos fotógrafos y unos editores llenos de talento y entusiasmo como Second Story Press. Juntos es posible crear libros para jóvenes lectores llenos de magia.

ROSEMARY McCARNEY

Créditos fotográficos

Cubierta: Saikat Mojunder/Plan
Contracubierta: Mark Foster, Asti Alanna De Guzman, Mikko Toivonen/Plan
Página 3: Mardy Halcon/Plan
Página 4: Richard Jones/Sinopix
Página 5: Jane Rivera/Plan
Página 7: © iStock/Purdue9394
Página 8: Asti Alanna De Guzman
Página 9: Mark Foster
Página 10: Iggoy el Fitra
Página 11: (arriba a la izquierda) David Sowerwinw/Village Tech Solutions, (arriba a la derecha) Tyler Miller/Village Tech Solutions, (abajo) Fanny Gauret/Learning World Euronews
Página 12: HAP/Quirky China News/REX
Página 13: HAP/Quirky China News/REX
Página 14: (izquierda y derecha) HAP/Quirky China News/REX
Página 15: HAP/Quirky China News/REX
Página 16: MM/Color China Photo/Sipa
Página 17: Wen Leonardo/Sipa Press
Página 18: Andrey
Página 19: DEDDEDA
Página 20: Nyani Quarmyne/Plan
Página 21: Mikki Toivonen/Plan
Página 22: HAP/Quirky China News/REX
Página 23: Iggoy el Fitra
Página 24: Asti Alanna De Guzman
Página 25: Iggoy el Fitra
Página 26: James Stone/Plan
Página 27: Rose-Camille Jeudy/Plan
Página 28: Asti Alanna De Guzman
Página 29: Jim Holmes/Plan
Páginas 30-31: Timothy Allen
Página 32: Ben Depp/Plan